보조개 살인사건

연정

강변을 걷는데
친구들 얼굴이 달라붙었다

날파리와 다른 게 있다면
치우고 싶지 않다는 거

당연히 보고 싶어져서
전화라도 할까 했지만
출근해야 할 테니까

단잠을 깨우고 싶지 않아서
시를 더 많이 쓸 수 있었다

친구들이 가르쳐 준
억만 개의 감정 중
연약한 내가 무시무시한 내일로
건너갈 수 있게 해준
힘센 가르침 하나

오래된 사랑도 자란다

연정

차례

시인의 말 5

1부: 저기 우정이 문을 열었네 들어가자
보조개 살인사건 13
우정은 완전식품 15
고봉밥 무덤 18
이리와 더 깊은 밤으로 가자 23
망한 비디오 대여점 주인 27
썰어도 썰어도 새하얀 밤과 무와 너 30
훔친 꽃줄기 니트 34
흰 국화와 진실게임 38
귀신과 사랑에 빠진다는 건 완전 엽기지 40
가디건 사이로 붉은 마음이 비치면 44
미지구 46
눈사람이 사는 곳 48
해피엔딩 주인과 만담 50
사랑도 무거운 날 있잖아 52
오뉴월 딸기에 서리 내리면 54
홍지 57

2부: 어디서 부서지고 있니

보조개 살인사건 2   63

어쩌다 사막에서 바늘을 잃어버린 거야   65

망각은 신의 선물이라는 말   69

선크림 안에 가둔 그해 여름   70

복숭아 솜사탕 팬티   73

숫자를 몰라야 사랑을 잘해   78

똠얌꿍 고수와의 연애   80

금빛 아가미   84

나만 우는 이야기   87

부서지는 거울   90

한여름의 명랑 핫 도그   93

돌멩이 씨앗 1: 씨앗의 꿈   95

돌멩이 씨앗 2: 돌멩이의 기도   97

돌멩이 씨앗 3: 씨앗의 생일잔치   99

하얀 이력서에 검은 눈이 내리면   102

3부: 시들림

귀신이 아니라서 다행이야   109

달걀 한 판이면 나도 그들도 굶지 않고   110

태어나서 처음 쓴 시   113

덧니 한 번 보려고 봄까지 살았어   117

당신이 보기엔 누가 미친 것 같아?   120

제로 시집   121

나도 몰라 메롱   123

원한다면 영혼까지 줄게   125

한 글자로 된 시집   127

알뜰 마감 시   131

부록

시 일기   139

추천의 말

시는 모르겠고 너는 사랑하니까   151

※ **일러두기**

일부 시에는 일상적 표현이나 입말을 그대로 실었습니다.
이에 맞춤법과 다른 표기가 나타날 수 있습니다.

1부
저기 우정이 문을 열었네 들어가자

보조개 살인사건

세포가 죽으면 보조개가 생긴대

예쁨 받고 싶어서
볼펜으로 꾹꾹
죽어라 죽어라

열한 살에 저지른
최초의 살인

한쪽만 생긴 걸 보니
미수로 그쳐

사랑받고 싶어서
스스로를 파괴한 사건

웃을 때마다 증거가 소리쳤지
얘가 범인이에요
사랑받으러 그랬대요

나한테만 들리는 소리
수치심은 형벌

웃음도 나이를 먹고
점점 선명해지는 증거
가끔 진해질 때 화끈거려

우스워
다 커서도 사랑을 원하는 내가

죽을 때까지
스스로를 죽이며
사랑을 원할까 봐

우정은 완전식품

사랑을 줄게, 라고 말하지만
우정을 줄게, 라고는 안 하지
우정을 보여줄게, 할 수는 있지

그렇다면 사랑은
혼자 줄 수 있고 받기만 할 수도 있네
그래서 사랑은 달콤 쌉싸름한 거구나
사랑이 빨간 틴케이스에 들어있는 다크 초콜렛 맛이라면
우정은 무슨 맛일까
매콤한 떡볶이 냄새나 튀김 냄새가 날 것 같지 않니

사랑이 주고받고 밀고 당기는 동안
우정은 그냥 보여주기만 해

너를 사랑해, 는 있지만
너를 우정해, 는 어색해
우리의 우정이라 말하지

너를 사랑해, 뒤에 올 결말은 알 수 없어

손을 뿌리칠지 팔을 벌려 안기라고 할지

우리의 우정을 보여줄게, 말할 땐 이미 팔짱을 끼고 있어
단어에 두 사람이 엮여 있어야 하니까

언제부터인가
사랑을 줄게, 보다
떡볶이 먹으러 가자, 그 말에 가슴이 더 환해져

저기 우정이 문을 열었네 들어가자
삶은 달걀 반을 가르며 큰 쪽을 네 접시로
오징어튀김 반을 잘라 튀김이 많은 쪽은 내 접시로

보이니? 봤어?
우리의 우정이 보여?
도무지 떨칠 수 없는 매콤하고 달콤한 세계

많이 먹고 기억해
달걀은 완전식품이고

내가 무언가를 가지면
반은 무조건 네 거라는 사실

우리가 팔짱을 끼면 완전해지는 거야
완전 좋아
완전식품에 소스 완전 흠뻑 적시기
정신적인 영양까지 추가
완전 좋아

완전해진 우리,
우리의 우정을 보여줄게

고봉밥 무덤

고봉밥을 푼다
친구 C의 직장 상사 J
무덤 삼아

제사상을 차린다
어차피 산 자가
먹게 될 음식
C의 주문을 기다린다

C〈 $$%^&%#@#xxx!!!xx---XX

동그란 입에서 쏟아지는
뾰족한 단어
생선 가시처럼 쌓이네

사직서 저주인형 살인청부 실업급여 권총 청산가리
무시무시한 메뉴 주문

냉장고에 없고 마트에도 없어서

밥을 크게 삼키면 가시가 넘어간다고
오래전 밥상머리에서 배운 의술

밥 먹이는 일로
다 나을 것처럼
새하얀 고봉밥을 처방하는 돌팔이 의사
의심 없이 숟가락 드는 C

돌팔이 의사 재주
장조림 올려주기
어묵 맵싹하게 볶기
미역국 국자 가득 퍼주기
김치는 작게 썰기
뿐이다

스트레스 받아서
어금니를 하도 깨물어
입이 얼얼하다는 C의 목소리

길을 잃은 총알이 목소리를 데리고
삼킨 가시 무덤을 관통한다
가슴에서 굵은 빗줄기 소리가 나

서늘한 바람이 새어들어
국을 데우러 일어난다

둔탁한 나무 수저 꺼낸다
함께 갔던 비자림 나무 떠오를까 해서

해치지 않는 두꺼운 생명 머금으면
어금니를 부드럽게 갈아줄까 싶어서

포만감에 취해 누그러진 C
눈매가 군만두를 빚을 때
아끼던 외국 초콜릿 입에 넣어주며 씹기도 전에
 맛있지 진짜 맛있는 초콜릿이야 진짜 귀한 거야 너 주려고 아껴뒀어

최면 같은 주문을 건다
단 거 끊는 게 마약 끊는 거랑 비슷하대
그럼 초콜릿은 합법적 마약이야?
불법이라도 C를 잡아갈 수 없다
고봉밥 비울 때까지

아마도 직장 상사 J의
오늘의 저주인형 C
저주인형도 퇴근을 한다

우리 집 들어설 때만 해도
부서지기 직전의 인형
지지고 볶은 애정 먹이니
장작 같던 광대에 윤이 나고

구멍 난 몸 곳곳에
달고 기름지고 따끈한
웅덩이가 고여

풍당풍당
인형이
제 발로 걸어 나간다

또 밥 먹으러 와 했더니
사랑의 총알 쏘는 C

윽

무시무시한 메뉴 중
기어코 하나를 손에 넣은 C

또 와
더 큰 밥그릇을 사야겠다

이리와 더 깊은 밤으로 가자

찾는 게 안 보여?

더는 울지 말고
멍든 가슴 치지 말고
깜깜한 곳으로 가자

동그랗게 몸을 말고
이불을 머리끝까지 덮어
익숙한 채취와 숨 냄새로 둥지를 만들어
더운 평온 속에 한참 있어
당연히 우리 둘뿐이지

가끔 세상 가장 어두운 곳에
찾는 게 있어

멋진 건 꼭 반짝이는 곳에 있을 거라 생각하기
그건 어둠에 사는 사람들의 습관

이리와

조금 더 가까이

어깨에 할퀸 자국이 있네
너는 어젯밤 몸을 납작하게 눌러
도시 사이로 삶을 던졌지
애쓴 거 알아 밝고 북적이는 곳에 어울리고 싶었겠지
도시의 빛은 살이 찢길 만큼 날카로워
이제는 그러지 마 응?

밤을 빌려올게
네가 새아침 맞을 준비가 될 때까지

전 재산을 털어 밤을 구해올게
생각보다 비싸서 빚더미에 앉으면
앉은 채로 빌어볼게
일찍 일어나는 새에게 부탁해볼게
아침형 인간들한테 빌려올게

밤을 이어 붙일게

네가 눈 뜨고 싶을 때까지

어느 아침 네 얼굴에
빛 덤불 쏟아지면
몇 안 남은 생과 품을 끌어모아 안아줄게
네가 다시 세상을 마주할 때
첫 장면부터 환영받는다는 사실이 믿어지도록

그러니 오늘 밤은
잘 자
꿈도 꾸지 않기로
약속

사랑은 구석으로 저 안으로

새끼 낳을 장소를 찾는 포유류처럼
몸을 동그랗게 말고

더 깊은 어둠 속으로

가자

망한 비디오 대여점 주인

은,

평생 내 이름보다 많이 부른
앞으로도 그럴 내 친구 이름

은아
하고 부르면
동그란 눈동자 도착한다

은어
먹어본 적 없는 생선
전혀 관련 없는 단어 속에서
너를 떠올려

그런 마음으로 살게 된 지
열네 번째 가을
그러니 얼마나 아득해
수없이 많은 네가

너는 매일 은이로 사니까
너의 은이에 대해 잘 알겠지만
나의 은이는 모르면 좋겠어

알게 되면
모른 척하기 어렵잖아
다정한 너는
조금이라도 갚아야 하나 고민할 테니까
빌린 사랑도 아닌데

오래된 나를
망한 비디오 대여점 주인으로 여겨줘

반납할 필요 없음
재생할 기계 없음
어쩔 수 없이 서랍 깊숙이
고요하게 봉인

내 사랑은 떠들지 않는 게 좋아

마무리 멘트 없는 라디오는
생각만 해도 지겹잖아

은어는 먹어본 적 없고
우리가 만든 망측한 은어는
10년이 지나도 웃겨
100년 더 살고 싶을 만큼
어디에도 내보일 수 없는 무기

너를 처음 만나 첫마디가 뭐였지
오프닝 멘트가 도무지 기억나지 않고

오늘도 주파수는 단 한 사람의 생일
9월 20일
날씨마저
사랑할 수밖에 없는
날

썰어도 썰어도 새하얀 밤과 무와 너

밤에 잡아먹히기 직전
퇴근한 너는
이력서에 붙인 얼굴과 달라져 있다

쓸모를 증명하는 일에
하얗게 질린 채
현관에 들어선 너는

겨울날 찬바람에 오래 내버려둔
무처럼 주글주글하다

네게 어떤 양념을 입혀줄지 고민한다
뜨끈한 탕에 넣어 시원하게 해줄까
짭조름한 간장으로 졸여 기운 나게 해줄까
너를 토닥여서 눈물 한 국자 받을까
흐물거릴 때까지 볶아 나물 반찬 하려고
삼삼하게

세상 사는 일이 맵잖아

짜릿하지 않고
기분 나쁘게 맵기만 하잖아
더부룩한 하루하루

텅 비어 있기도 가득 차 있기도 한 무
무맛이 어떤 맛이냐 물으면
음 글쎄 설명하기 어려운데

요리가 깊어지려면
꼭 무가 있어야만 한다고
안 넣으면 그 맛이 안 난다는 무

취업 기념으로 네가 사줬던 어묵탕
힘주지 않아도 뭉개지는 식감이 좋다며
무를 건지며 투명하게 웃던 너

순한 너의 마음이
더 이상 쪼그라들지 않길 바라며
큰 칼로 고요하게 무를 썬다

썰어도 썰어도
썰려도 썰려도
조려도 조려도 하얀 무

썰려도 썰려도
하얀 마음을 가진 너
썰려도 썰려도
썰려 나간 조각마저
순한 사람

때 묻지 않길 기도하는 일
새하얀 마음을 목격한
너를 사랑해 본 사람의 몫

그거 알아? 무를 얼리면 사계절 내내 먹을 수 있대
저기 먼 섬나라 시골에서는
겨울을 버티게 하는 귀한 식재료야

싱싱하다고 증명하거나
비바람에 저항하지 않아도
마을을 먹이고 살리지

여기는 섬도 아니고
무를 말릴 지붕도 없고
한국에서 행복해지고 싶은
무모한 꿈을 가진 우리지만

오늘 내 주방에서는
무가 메인 댄서야

공연 시작합니다
VIP석으로 모실게요

훔친 꽃줄기 니트

와 예쁘다
감탄과 셔터음 끊이지 않고

발걸음 휘감는
때깔 고운 꽃
사랑 먹고 자란 윤기
관심에 익숙한 듯 하늘거리는 자태
얄미워

새벽이 되길 기다렸다

죄다 쥐어뜯어
까만 봉지에 담고
숨이 차게 달렸다

이파리가 현관에 후두둑
서둘러 비벼 생명을 끈다
헐떡이는 한밤의 도둑질

훔친 꽃줄기 엮어
니트를 만든다
꽃 머리는 단추로
내 몸에 딱 맞게

아침이 되면 거리로 나서야지

현관을 나서려는데
니트가 시들어있다
생명이 풍기는 냄새는 사라지고
허수아비처럼 멀뚱히 서 있다

새도 사람도 오지 않아
수치심만 몰려온다 나체도 아닌데

뜯은 생명 이어 붙일 수도 없어서
버티기로 결정
봄이 오면 사랑도 수가 없지

서리 내리면 솜으로 뭉쳐
구멍 난 니트를 채웠다
눈사람인 척 이를 악물었다

매화가 피어나면
봄이다
드디어 몰려오는 파도 같은 발소리

나를 발견한 당신
찰칵 찰칵 감탄 탄성

당신의 갤러리
시들지 않은 액자 하나
앨범 속 나의 가장
찬란했던 생명

지금 당신이 펼친 페이지
어느 계절인가요

또다시 밤

축축한 채로 현관에 녹아내려

물컹이는 조끼를 다시 엮는다

훔친 사랑은

유난히 맛이 좋아

이 짓을 또

흰 국화와 진실게임

흰 국화도 가끔은
웃는 얼굴이 보고 싶지 않을까

다른 꽃말을 가져보고 싶지 않을까
슬픔도 지겨울 수 있잖아
향기 맡는 사람들 코 평수가 궁금할 수 있잖아

잔치하는 날 환영받거나 기쁜 날에 태어나거나 사랑을 전하고 미래를 약속하는 일
죽어도 안 하고 싶은 생명이 있을까?

사계절 내내 분주히 치장하는 장미

그 고백은 무식했어
세련되지 못하게 그게 뭐니

순정을 비웃는 기분
궁금할 수 있지

장미를 찾는 날도 사람도 많아
지겨워 죽겠다고 말하지만
얼굴이 붉은 장미를 보며

아무도 흰 국화 향기를 궁금해하지 않아
나조차도

천사 깃털 같은 꽃잎 하나하나 떼어보면
천국 가는 나룻배 같기도 한데
기쁜 날 초대받지 못하는 운명이라니

꽃에 환장하는 나도
한 송이에 천 원인 흰 국화를
화병에 꽂아두지 않는다

귀신과 사랑에 빠진다는 건 완전 엽기지

친구의 연애담을 듣는다
그 애는 진짜야

가짜 사람도 있니 이때까지 만난 사람은 귀신이었니
핀잔을 뱉으려는 입을 단속한다
진짜 울 것 같은 표정이라서

친구의 말대로라면 그 애는
진짜라는 단어가 세상에서 가장 잘 어울리는 사람

그 애는 거짓말을 못 해
진짜만 말한다

사랑하면
진짜 사랑을 준다

그 애한테 사랑한다는 말을 들었을 때
친구의 세상은 초고화질 4K로 선명해진다
콧등 모공에 자라난 잔털까지 사랑할 수 있게 되었다

그 애한테 말을 거는 사람들 사심까지 눈치챌 수 있다

사실 그 애 못생겼다고 생각했는데 설마 내 마음도 읽은 건 아니겠지

계절이 바뀔 때쯤 걸려 온 친구의 전화
그 애 목소리가 낮아지고 대화는 짧아져
환절기 감기 때문이라 믿고 싶었단다

더 이상 만나고 싶지도
이야기하고 싶지도 않다고 해서
얼굴 보고 얘기하자는 말도 못 꺼내고
그러자 했단다

목소리가 마지막일 줄은
진짜
몰랐단다

전화를 끊자마자 친구가 보는 세상은

비 오는 여름날 버스 창문처럼 뿌예졌고
목소리는 세상의 먹구름을 전부 끌어안았다

물먹는 하마도 포기하고 옷장 뒤로 숨었다

나는 엉터리 무당이 되어
너는 귀신 쐬인 거라고
귀신을 사랑한 거라고 잠시 홀린 거라 우겼다
굿을 준비하듯 음식을 잔뜩 배달시켰다

사랑은 진짜… 쓥하 쓥하
연애는 진짜… 쓰읍 하아

혼이 나갈 정도로
매운 떡볶이를 먹는 동안
그 애는 그 새끼가 된다

식어버린 빨간 그 새끼를
새벽까지 씹어댔다

친구가 그 새끼한테 사준 십만 원이 넘는 후드 집업에서
썩은 여름 식초 냄새가 나기를
모든 수건과 티셔츠가 쉰 냄새를 풍겨서
그 새끼가 마주하는 세상이 찡그린 풍경으로 가득하길
저주를 퍼부었다

아 참,
스포츠 양말을 신을 때마다
갑자기 폭우가 쏟아지라는 저주도 추가

무한대로 저주 토핑을 추가하는
새빨간 밤

가디건 사이로 붉은 마음 비치면

자세히 보지 않아도
지나치게 아름다운 것들

독을 품거나
가시가 있거나
저주에 걸려도
반전 없이 눈부신 역할

아름다움의 취미는 야반도주
얌전한 척 예쁨 받다가
발소리 들리면 사라지기

미우나 고우나 주인공은 바뀌지 않아
지겨운 클리셰와 뻔한 해피엔딩
재미없다고 욕먹는 그 시나리오
사실 내 삶에 필요해

변수 없는 행복을 바라는 마음은
초라한 걸까

세상에 존재하는 눈동자와 근사한 옷깃들
손짓 한번으로 낚아챌 만큼
붉게 물들고 싶은 날이 있어

초라한 마음 들킬까

무채색 가디건을 여미며

미지구

명사: 가장 작은 단위의 지구

너는 미지구
가장 작은 단위의 지구

억울한 일이 당연하게 일어나는 곳으로
내가 꼭 있어야 하나 싶은 모호한 자리에 도착
얼마나 고단한지 티 나지 않게 바른 자세로 앉아
힘들어하는 건 허락 없이 해도 되는 걸까
결재를 올려야 하면 사유는 뭘까 알 수 없는 기분으로
일단 버틴다

미지구보다 더 작은 우리 집
축 처진 몸을 일으켜 분리수거를 한다

택배 상자에 붙은 운송장 스티커를
조금이라도 더 떼보려다 생긴 손톱 빗줄기

갈라진 너의 손끝에서 빗소리가 나

땅속에 숨어 때를 기다리던 씨앗이
비 맞고 기운 나겠어
내일 만날 새싹은 다 네가 키운 셈이지
그러니 어깨 펴

눈물 나게 사랑스러운 미지구
지구에서 가장 작은 단위지만
너는 지구를 살리는 사람
너의 애씀을 사랑해

슬픔을 분리해 조금은 수거할 수 있게

눈사람이 사는 곳

시간을 멈출 수 있다는 믿음
영원한 건 절대 있다는 믿음

이 도시에 그런 낭만이 살아있대
모여 사는 곳이 있다면 믿을래?
사실 너도 아는 곳이야

그곳엔 멈추었으면 하는 시간과
그럴 수 있다는 믿음이 살아
마음도 맡아줘 가볍게 떠날 수 있게
악용하는 사례도 있지
미뤄둔 이별과 마지막 인사가 생기를 잃고
그곳에 모여 있어

관리가 쉽진 않아
문을 열면
던져버린 지금들이 와르르 쏟아져
뭐 상관없어
한 번씩 들여다보고

휙 가버리면 그만이야

너희 집 냉동실에는
무엇이 멈춰있을까

우리의 계절도 몇개 쯤 있을까
마지막으로 보낸 편지에 답장 기다린다고 썼잖아
혹시 쓰다 만 편지도 맡겨놨을까

마지막 부탁에 대한 대답도 거기 있는지
영원한 건 있다는 믿음도 서려 있는지

열었다, 닫았다
있다, 없다
열었다, 닫았다
있다, 없다

냉동실 자리가 꽉 찼네
새로운 마음이 들어올 자리가 없어

해피엔딩 주인과 만담

어제 회식할 때 옆 부서 걔가 욕했어

그래? 회식 메뉴 뭐였는데?

메뉴? 중화요리 아직도 속이 더부룩해
갑자기 킥킥 웃는 그녀

난 어제 웨이트 40분 하고 닭가슴살이랑 단호박 먹었어 걔는 나 씹고 탕수육도 씹었겠지? 살도 찌고 소화 안 돼서 수면의 질도 떨어졌겠지? 피곤해서 피부도 푸석푸석하겠지? 아 역시 내 거였어

뭐가?

해피엔딩! 역시 해피엔딩은 나의 것!

하고는 괄사로 림프 마사지를 한다 해피엔딩의 주인 옆에서 광나는 기운을 훔쳐 먹는다 활명수를 먹어도 해결되지 않던 깐풍기의 기름기가 개운하게 내려갔다 휴대용 괄

사는 없어서 손으로 겨드랑이를 쳤다 그리고 기도를 조금 했던가 그녀만큼 명랑해지고 싶다고 그녀와 적이 되지 않게 해달라고

사랑도 무거운 날 있잖아

삑삑 삑 비밀번호 누르는 소리
다 누르기도 전에 달려가

도착한 너를 끌어안고
외투를 놔주지 않는 겨울바람
손목을 끊어낸다

온기를 뺏긴 너의 어깨는 작아져 있다

더 이상 작아지지 마
1g도 사라지지 마

무사히 돌아와 줘서 고마워
속으로만 인사하고
씻고 밥 먹을 건지
밥 먹고 씻을 건지 묻는다

쑥스러워서 그런 거 아니야

내 사랑이 무거울까 봐
겨우
이고 지고 온 삶이
무너질까 봐 그랬어

오뉴월 딸기에 서리 내리면

이름을 부르자마자
도착하는 맛을 좋아해

딸기우유 블루베리요거트스무디 고구마라떼 초코프라푸치노

너는 사계절 내내 딸기스무디
샐쭉 웃으며
휘핑크림 가득이요 -
먹는 것과 너는 똑 닮아있고

요란한 생김새만큼이나
아릴 만큼 달콤한 크림

입가에 묻히는 건
일부러 그러나?
손이 가게 하려고

의도가 있든 없든

의심은 심어졌어

콩 심은데 콩 나야지
왜 네가 얼굴을 내미는 거야

모른 척 하고 싶은 머리와
만지고 싶은 오른손의 대치
뻣뻣해진 나를 보며 너는 고개를 갸우뚱

그 순간 해가 기울어지고
오른손이 햇살 먹고 자라난다

결국 오른손의 승리
입가에 휘핑크림을 훔친다
결국 나의 패배

어쩌다 세상이
사계절 내내 딸기를 먹을 수 있게 된 거야

여름에도 상하지 않는
상큼한 냉동 딸기
해가 뜨면 과즙 뚝뚝 흘리며
나타나겠지

내 앞에서 샐쭉 웃겠지
내 속은 무르지도 못한 채
새하얀 얼음 부스러기만 흘리고

오뉴월에 서리 내리는 마음도
모르면서

웃기는
왜 웃어

홍지

급하게 이름을 쓰려고
삼색 볼펜 꺼냈는데

빨간색이 나오니 멈칫한다
아무리 바빠도 빨간색으로
이름을 쓰지 않는다

웃겨
이토록 살고 싶었나 내가

홍보용 삼색 볼펜에서 발견한
삶을 향한 의지

왜 살아야 하는지 모르겠다며
엉엉 울던 밤이 아깝다

야 그니까 너도 울지마
눈물 아까워

살고 싶은 내가 볼펜 색을 바꾼다
검은색이 닳으면 파란색은 몇 번 쓰이다 버려진다
울어야 하는 건 우리가 아니네

삶이 가치 있는지 고민하지 마
궁금하면 쓰레기통 뒤져봐

도대체 왜 살아야 하는지 몰라서
죽으려는 게 아니라 진짜 몰라서 물으면
걱정 가득한 눈동자가 도착하길래 꾹 참았는데

모르는 게 당연해
의지가 황당한 곳에 살고 있으니

살고 싶은 마음 알고 나니
지구에 미안해지는 쓰레기 같은 마음

이제 버리지 말고
그 새끼 이름 있지

깜지 쓰자

아니 붉은 색이니까

홍지라고 하자

홍지 쓰자

2부
어디서 부서지고 있니

보조개 살인사건 2

오른쪽 뺨에서 일어난
보조개 살인사건

예쁨 받는 얼굴만 비추다 보니
어색해져버린 왼쪽 얼굴

손길 닿지 않는 얼굴을 꺼내어
해변에 널어둔다

죽은 세포 하나 없이
발자국도 찍히지 않은
말간 무인도의 해변

누가 푹 패이게 할까 궁금해

사랑이 발소리를 내면
몇몇 죽이게 될 수도 있지
푹 패인 곳에 사랑의 발을 심는 거야
다른 해변은 꿈도 꾸지 못하게

우리 같이 표류하면 어때
내가 너의 마지막 바다가 되는 건 어때
최초의 뺨을 종착지로 삼으면 어때
왼쪽 보조개는 타살이면 어때

사랑이 무인도에서 날 잃어버렸을 때
찾아내기 위해 보조개를 찍은 거라면 어때

오늘도 말간 뺨을 펼쳐서 널어두고
누군가의 손길을 기다린다

사실 알고 있어
당신도 내게 영원히 남으려고
찾아온 건 아니잖아

그치?

어쩌다 사막에서 바늘을 잃어버린 거야

모래알이 처음부터 알로 태어난 건 아니지
사랑하는 모래들과 뭉쳐있다가
살려고 허우적거리다
죽으려고도 하다

햇살 아래 눈 뜨니 처음 본 해변인 거야
영원히 쓸리고 흩어지고
이별하며 살 거라곤 생각 못 했지

자국이 생길 줄 모르고 널 사랑한 건 아니야

너를 유일한 바다로 믿었던 여름
사랑의 증거는 모래만큼 징그럽게 많아서
사막을 옮긴 양탄자가 되어
나를 그 골목으로 놀이터로 브런치 카페로 바다로
마지막 포옹을 나눈 3호선 개찰구로 데려다 놓고

가을 점퍼 주머니 속 까끌한 모래알
계절이 흘러도 쓸리고 흩어지는 마음

적당히 좋아할걸
유치한 생각을

눈가에 가득해진 기미
레이저로 지져도 다시 생긴대
지독한 여름 반점

손으로 이어가면
탄생 설화 없고
탄생자는 자리 비운 별자리 하나

칠월 칠석, 1년에 단 하루 만나는 애틋한 연인처럼
어쩌다 길 열리면
머뭇거리던 손가락 두 개 닿을까

사막에서 바늘 찾기
어쩌다 잃어버렸을까 이렇게 막막한 곳에서
무얼 꿰매려 했을까
솜이불은 아니었을 거야

이름을 새기고 싶었던 거야

수많은 알갱이 속 바늘을 찾지 못하는 일
1년에 한 번만 쓰다듬을 수 있는 일
슬픔을 저울질하다

모래알을 숫자로 셀 수 있다고 믿었어 바보같이
어느 바다도 떠나지 못한 채
주머니 속 모래알을 털어내지 못하고

닳으면 어쩌나
닳으면 좋겠다
하나도 정하지 못하고

어영부영하다
가을이다, 하고 쓰려는데 바람이
겨울이 현관문 나선다는 소식 들리네

너도 영원히 흔적을 남기려고

날 찾아온 건 아니었을 거야

망각은 신의 선물이라는 말

아니래
신은 그런 거 선물한 적 없대

사랑이 얼룩 취급당하는 거
자기 탓하지 말래

선크림 안에 가둔 그해 여름

사랑하면 염려가 거대해져

해가 쨍쨍하면
세상이 널 태울까봐

돋보기 아래 개미처럼
눈 뜨면 연기되어 사라질까
조마조마했던 여름

염려는 햇볕 아래 부풀고
너의 등에 선크림을 쏟는다

온 식구 덮고도 남는
장롱 이불만큼 넉넉히

발랐다기보단 덮었지

등을 보이는 건 동물간의 신뢰

눈앞에 따끈한
눈 내린 산 세워져
등반하는 내 손

너도 열 손가락 다 있지만
나만 닿을 수 있는

네 몸 구석이 있다는 게 좋아서

다 쓰지 못한 선크림 안에
그해 여름을 가둔다

빙하는 녹고
열 손가락은 실직 상태

지구는 계속 뜨거워지는데
녹지 않는 덩어리가
내 안에 여전히

코끝에 겨울이 맺혀
콧물 닦으며 떡국을 먹는다

먹을수록
티슈로 쌓은 산
새하얗게 높아지는데

어딘가 뜨거워 여전히
돋보기 아래 있는 것 같아

복숭아 솜사탕 팬티

막 세수를 마친
아침의 복숭아 사탕

맑음으로 뭉개진 분홍빛
혀에 닿는 순간
팬티가 솜사탕이 됐어

달고 향기롭고
엉덩이에 소름이 오소소

다음 해 여름까지
사탕은 녹지 않았다
입안에서 오래 굴렸다

녹지 않는 달콤한 것이
세상에 있대
가슴에 산대
충치에 좋대

죽을 만큼 좋대
죽을 수도 있대
죽일 수도 있대

소문만 무성하던
어느 날 사라졌다

오늘도 어제 같고 아마 내일도 오늘 같을
보통날
점심 먹고 친구랑 마신 커피
혀는 익숙한 탁한 맛
입 크게 벌리지 않기

친구가 태어난 지 꼬박 38년하고 계절 두 번
그녀의 첫 연애 이야기

특별할 거 없는 만남
널려있는 사랑 표현 말할 때

맡아버렸다
아침의 복숭아 사탕 향기
솜사탕 팬티가
엉덩이를 보듬는 느낌

소문만 무성했던
첫
사랑

뜬구름 속 햇살 잡아채서
동공에 끼운 걸까

빛나는 눈을 크게 뜨며
보이지 않는 걸 눈앞에 있는 듯 말한다

하늘이 내려준 운명이고 사랑이야
무교인 그녀의 이야기

시작과 끝이 다른 건

달콤함의 숙명이야
가슴에 충치를 품어본 사람들 이야기

신경을 치료하려면
신경을 제거해야 해 고통을 느끼지 못하게
치과에서 들은 무시무시한 이야기

한 몸처럼 붙어있다 두 몸으로 찢어지면
칫솔 하나 버리는 일도 아파서
두 손 두 발 다 들어본 사람들 있지

가슴에 구멍 난 채로
겨울 손톱을 삼키는 아픔 나 역시 알지만

다들 조용!
두려움은 뱉지 말고 삼켜

그녀를 말리지 마
팬티나 선물해줘

평생 녹길 기다렸다는 듯
닿는 순간 스르륵 사라질

숫자를 몰라야 사랑을 잘해

짝수인지 홀수인지
백만 원은 0이 몇 개인지

어릴 때 다닌 공부방에서 제일
수에 약한 아이
자라서 셈 없는 사랑을 한다
손해 봐도 손해 본 줄 몰라
채점하는 사람마다 웃는다

백점짜리보다 빵점짜리가
더 군침 돌잖아
시험지 주인을 알고 싶잖아

꽃잎만 셀 수 있으면 돼

당장 전화한다 밤에 전화한다
당장 전화한다 밤에 전화한다

어차피 답은 정해져 있어

손가락은 당신 번호를 누를 거야

똠얌꿍 고수와의 연애

너랑 했던 데이트와 대화
영어로 빼곡한 메뉴판 보며
음식 고르는 일 같았어

익숙한 단어를 단서로 유추하며
이거 이거 이거 주세요

생각과 다른 결과가 나와도
예상했다는 듯 능숙하게 먹기

넌 정말 똠얌꿍 같은 사람이었어
난 여전히 한 숟갈도 삼키지 못하는 사람이고

우리 집 주방에서 맡을 수 없는
향신료 냄새가 코를 찔러도

뱉지 마!
삼켜
온몸이 거부해도 기필코 삼킨 후

웃어 보였지

네 입맛에 어울리는 혀를 갖고 싶었어
입술에 쏙 들게
감칠맛 가득한 말만 내뱉고 싶었거든

메이플스토리 애니팡 쿠키런 포켓몬고
안 해본 사람 손 들어
내 팔만 쭈뼛거리며 머리 위로

그러니 결과는 뻔하지
지는 편에 내가 있고
내 편이 되면 져버리고
뻔한 승리는 재미없나

고수들은 패배의 냄새를 맡았는지
더 이상 내 편이 되어주지 않고
여전히 고수는 먹지 못해

정류장에서 손잡고 사랑을 재잘거리다
버스 회차 대기가 떠도 좋아라 웃다가
정거장에 내린 후
갑자기 냉랭해진 이유를 알고 싶었어

말하지 않아도 알아요 네 머리칼을 넘겨주며
날이 선 귓가에 정답을 속삭이고 싶었지
녹이는 데에 능숙한 부드러운 목소리로

너랑 하는 사랑
거기서만큼은
고수가 되고 싶었어
우리가 같은 편인 줄 알았거든

맞은편인 줄 알았으나
상대편일 때
승부욕 강한 너는 내 편이 되어주지 않고

패배에 익숙하고

네가 언제나 승리하길 바랐던
나는 여전히 고수가 될 수 없고

정답도 맛도 모른 채
홀로 다음 정거장 도착
아무도 없는 정류장의 적막

오지 않는 버스를 기다리며
사실 기다리는 척

그날의 냉랭함을 안은 채
GAME OVER
누군가 끝내주길

까만 화면을 기다린다

금빛 아가미

손가락으로 이름을
조개껍데기로 하트를

휩쓸려도 휩쓸려도
지워지지 않는
벗어도 벗겨지지 않는
어깨에 수영복 자국

그해 여름 타투

해가 녹은 금빛 바다
나올 생각 없는 두 사람
보랏빛 입술로
너의 등을 누르면
아가미 돋아나

숨 쉬는 유일한 동굴
몸을 동그랗게 말고
세도 안 내고 살았지

마음 편한 세입자 역할
엄마 뱃속에 있을 때 이후로
처음

한 사람 전용 티셔츠
목에 스며든 선크림 자국
얼룩진 곳은 언제나 여름

화학용품 들이붓고
찢길 만큼 짓이겨도
체온도 냄새도
처음
그대로

이 지독한 걸 우리가 했네

해로운 게 분명해
이로운 건 약한데

세상에 사랑이 너무나

반대편 해변에
이름 따라가는 손가락 있을까

손끝으로
수영복 자국 따라가면
하트 옆 이름 가진
손가락과 마주칠까

작은 두려움과 기대
그해 여름으로 가는 지도
내 눈에만 보이나

자꾸만 어깨를 쓸어
춥냐고 물어보는 카페 사장님

오해만 쌓이는
여름 끝

나만 우는 이야기

나만 우는 이야기 있지
있지

주위를 둘러보면
내 눈만 뭉클해서
뇌를 급속 냉동해야하는

살구 감자 라떼 콩이 쿠키

음식 이름으로 부르면
오래 산다는 이야기

이름을 알면
삶은 스쳐버리고
손 잡을 수 있는
연이 맺어져

이름을 부르면
더 이상 모른 척 할 수 없고

등을 쓰다듬으며
털 아래 따끈한 심장
연한 삶 가늠한다

이름 지을 때
한없이 여려졌을
반려자의 마음
그 옆을 잠시 지킨다

이미 슬픔은 코 끝에 도착
나만 아는 이야기로 남기기

이름 짓던 사람과
이름 부르면 도착하는 눈동자

쫑긋 움직이는 털에 기도를 묶는다
명주실 엮듯

하루라도 더
두 개의 삶이 포개지도록
매듭을 멀리 보내려고
한참을

결말을 알고 보면
덜 슬프니
스포를 해달라던 사람

덜 슬펐을까
물어보지 못했다

부서지는 겨울

눈사람 부수는 발을 본다
주변 공기가 부서진다

처음 봤어
눈사람 만드느라 빨개진 볼따구는 많이 봤는데
눈 내리면 말 걸고 싶은 사람도 많은데

만든 사람이 봤으면 어쩌지?
손의 온도가 서늘해진다
눈을 뭉친 사람보다 더

옆을 보니 창백해진 네가 있어
새파란 너를 끌어안았던
겨울 기억

너는 눈사람을 냉동실에 얼려본 적 있다고 했지

그런 너라서 너를 안을 땐 꼭
얼굴을 가슴으로 감싸야 했어

보여주기 싫은 풍경이 많았어
세상이 사람을 부수는 모습 같은 거
가려줘야 했어

허름한 품은 겨울바람 맞으며 쇠약해졌고
품었던 얼굴은 철새가 되어 훨훨 떠났네

이별하던 날 네 속눈썹이 아래로 추락하던 속도
마지막 인사를 하며 내려앉던 어깨의 각도
유일하게 기억하는 수학 공식처럼 새겨져
전부 지우기로 결심
필요한 건 다 있다는 곳으로 달려가

별게 다 지워진다는 유명한 거품으로 박박 씻어도
지워지지 않고 점점 새하얘지는 얼굴
이제 보이지도 들리지도 않는 사람인데 녹지도 않아
욕실 바닥에 펄펄 날리는 추억의 부스러기들

다시 겨울이야
어디서 부서지고 있니

어릴 때 살던 아파트와
동네 고양이와 새들이 쉬어가는 공원
땀을 흘리며 녹아가는 노동자들까지

세상이 생을 부수는 장면을
무엇으로 가리고 있니

숨을 만한 곳은 찾았는지
고단한 비행으로 지친 건 아닌지
얼려둔 연약한 얼굴이
일그러지지 않길 기도하는

힘을 잃고 추락하는 겨울

한여름의 명랑 핫 도그

사랑일까 따라갈까 돌아설까
머뭇거리던 여름날

손등에 콧김 홍 불어주던
산책하던 강아지

인간은 맨날 망설이네
한 치 앞도 모르면서

그러게
해진 뒤 저녁에
뭘 먹을지조차 모르면서

해는 저물어가며
빙수 위의 체리처럼 빨개진다

강아지는 체리 씨앗이 되어
주저 없이 멀어진다

곁에 있는 사람을
고민 없이 사랑하는 생명의 당당함
씰룩이는 노래가 들려
그래 저 엉덩이라면

한발 떼게 해준 강아지

해의 열감을 품은 열대야
캔맥주 한 모금과 벌컥벌컥 삼키고

물기가 손등을 타고
결국 전화번호를 누를 때

문득 떠오른
한여름의
명랑 핫 도그

돌멩이 씨앗 1 : 씨앗의 꿈

올리브 자명종이 울리면
머랭 이불을 걷고 몸을 일으켜

새벽부터 우려낸 데이지 차 한 모금
백합 절임 한 스푼 더하면 좋지

완두콩 파자마는 침대에 벗어두기
무화과 방울로 머리 올려 묶기

오늘은 무릎에 안개가 꼈네 에구구
함박눈 코트를 입기엔 아직 일러
코코아 가디건을 꺼내러 간다
신발은 아몬드 구두가 좋겠지

오늘은 유령의 카페로 갈까
먹구름 파르페를 먹으면
세상을 홀릴 그림을 그릴 수 있을까

어린 씨앗이 현관을 나선다

이 꿈은

한 씨앗의 방에서 시작되었네

돌멩이 씨앗 2: 돌멩이의 기도

돌멩이는 아침보다 일찍 일어나
부엌에서 아침을 펼친다
제철 맞은 백합을 뜯어 절구에 찧는다
분홍색 향이 퍼지면 자명종이 울린다

돌멩이는 매일 씨앗을 보살피네
코코넛 껍질로 엮은 양말을 신겨주고
검은 장미로 만든 연필을 쥐여주며
명왕성에 편지 부치는 방법을 알려주었지

눈사람 콧잔등에 벚꽃잎 쌓일 때까지

ㄱ부터 ㅎ까지
돌멩이의 기도가 닿지 않은 시간은 없네

씨앗의 팔다리가 조금씩 길어지고
열매를 따려는 듯 하늘로 손을 뻗을 때
돌멩이는 올리브 단추를 잠가주고
잔머리를 넘겨주며 말했네

"오늘도 재밌게 놀아. 그게 잘 사는 거야."

씨앗이 구두를 고르는 동안
식탁에 펼쳐둔 새까만 밤을 네모로 자른다
안개꽃을 싸서 입에 넣어준다

기억해, 씨앗
네가 땅속에 있을 때
네 자신이 무엇인지 모를 때부터
땅 위에서 고요히 너를 품던 돌멩이의 무게를

흙 속에 스며든
돌멩이의 기도와 마모된 젊은 날
네가 새 아침을 맞이하던 날
처음 마주한 돌멩이의 표정

모든 씨앗은 돌멩이의 기도에서 탄생했네

돌멩이 씨앗 3: 생일잔치

안녕하세요 주문할게요
여우비 파스타, 먹구름 파르페, 진눈깨비 샐러드 주세요.
아, 팬지 케이크도 한 조각 추가해 주세요

괜찮아요 다 먹을 수 있어요
오늘 제 생일이라서요

가방에는 친구들이 보낸 선물과 편지
사랑이 빠짐없이 도착했는지 확인하기

씨앗은 자라고 생일은 몇 번이나 돌아왔다
달라진 건 생일 초를 불며 비는 소원

초가 케이크를 다 덮은 생일
초가 물음표 모양으로 녹기 시작했다
촛농이 서늘한 질문을 흘린다

이때까지 생일상 값을 누가 냈지?

지금까지는 생일상이 만족할 만큼 풍족한지
뿌린 사랑이 빠짐없이 거두어졌는지
올해는 누구누구 사랑이 제일 화려한지
뻔뻔하게 세상의 행복을 훔칠 생각만 했는데

초를 불지 않고 집으로 돌아갔다
돌멩이는 여전히 부엌에 있다
무언가를 우려내고 갈고 부드럽게 만드는 냄새로 가득하다

포장한 케이크 박스를 만지작거리다
씨앗이 묻는다

"엄마, 왜 이렇게 작아졌어?"

모든 돌멩이는 처음에
씨앗으로 태어난단다

세상의 모든 꿈은

돌멩이의 기도에서 시작된단다

하얀 이력서에 검은 눈이 내리면

다이소 500원짜리 하얀 이력서
쓸데없이 칸이 많네
엄마 목소리가 벽에 부딪힌다

더 이상 길이 없습니다
골목에서 마주친 무표정한 팻말
긴 문장도 아닌데 여러 번 읽는 마음

증명사진이 삐뚤어지지 않게 조심히
식탁 전등 아래 파묻힌 동그란 뒤통수
어쩐지 여려진 듯해

면접관 없는 부엌에서
자꾸만 외치는 응원의 말

엄마 뽑는 사람은 올해 행운 다 쓴 거야

면접 필수 항목으로 악수는 어떨까
햇살 아래 손을 펼쳐서

쓸고 닦은 삶을 보여준다면

면접을 볼 수도 있으니
염색약을 발라달라는 엄마

눈 쌓인 산처럼 하얀 정수리
정상까지 올라가 돌 하나 올린다

소원을 빈다
겨울이 끝나지 않게 해주세요
제 겨울을 잘라서 붙여주셔도 좋아요

머리카락을 잘라서 주면
인간이 되게 해준다는 마녀의 제안
가위를 들게 한 감정은 무엇이었는지
어릴 때는 몰랐지

뒤늦게 도착한 이해
동화를 믿지 않는 나이

엄마는 폰이 울려도 울리지 않아도
자꾸만 들었다 놨다

기다리는 이는 귀가 커지고
간절한 이는 어깨가 낮아지고

내 머리카락 한 올과 배에 찍힌 점까지
그녀가 만들었는데
나의 창조주가 사라지면
나는 살 곳이 없는데

그녀가
쓸모를 찾는
쓸쓸한 이야기

하얀 이력서를 채우는
엄마의 검은 거짓말
검은 머리 빼곡한 10년 전 증명사진

하얀 칸을 채우는 삶

조금 부풀려도
베이킹파우더 정도로 여겨주세요

먹고 살려면
빵 한 덩어리 있어야 하니까

벌은 제게 주세요
그녀를 예쁘게 봐주세요

빵은 그녀에게 돌려주세요
그녀는 늘 빵 대신
배고프다는 말만 삼켰으니까

본인 안 먹고 자식들 먹였어요

그녀에게만 끝나지 않던 장마
마를 날 없이 쉰 냄새 나던 운동화

빗자국이 새겨진 토기 같은 손

감히
못났다고 말하면
머리카락 자르려던 가위
어디를 향할지 몰라

3부
시들림

귀신이 아니라서 다행이야

 어떻게 지내냐고 시만 생각하고 살아 시 생각밖에 안 나 교통사고 나듯이 갑자기 쾅 하고 시집이 몸통 박치기를 했다니까 나 밤에 산책하는 거 무서워하잖아 우리 집 주변에 술집이 많아서 알지 그치 근데 시에 홀려서 정처 없이 밤거리를 걸었다니까 결국 고백했지 뭐 시에 빠졌다고 더 더 더 흠뻑 빠지고 싶다고 이어폰 꽂고 있었는데 노래가 끊긴 줄도 몰랐어 하루를 길에 다 흘렸어

 귀신 들린 줄 알았어 시가 들려서 다행이야

달걀 한 판이면 나도 그들도 굶지 않고

필요한 건
달걀 세 알 두유 한 팩
글씨를 쓸 수 있는 아무 펜
형편없는 글자도 받아줄
너그러운 이면지

필요한 건 가방에 전부 있는
토요일 한낮의 도서관

경제 사회 시사 코너에 가면
 나는 굶어 죽기 직전 위기에 봉착한 노후 준비가 하나도 되어 있지 않은 곧 망할 수도 있는
오후를 맞이한 사람

문학 코너에 가면
아무도 내게 관심이 없다
나도 내게 관심이 사라진다

시인은

바보처럼 사랑하고 배신당하고 밥 해주고 불행을 곱씹다
결국 삶은 아름다워 미쳐버린 채로
도서관 마감 방송이 들려서
고개를 들면 밤이었다

분명 허기졌는데
필요한 게 전부 사라졌다
장바구니를 전부 비우고

달걀 하나 줄여도 되겠다
두 개만 먹고 시를 더 읽어야지

하루 두 끼 먹으니까
한 판을 사면 닷새를 살 수 있었는데
이제 일주일이나 먹고 살 수 있다
그러고도 두 알이 남는다

글자보다 흰 여백이 많은 책
춥고 배고픈 시인들을 위해

달걀을 남겨둔다
덕분에 충만하니까

태어나서 처음 쓴 시

참 즐거웠다. 참 재밌었다.
쓰지 않기
초등학교 3학년 담임선생님이 내린 금지령

했던 일 말고 마음을 쓰라고 하셨다
마음은 어떻게 쓰는 건지 안 배웠는데
그런 게 나한테 있나?

비밀을 만들어내야 할 것 같은 기분
어쩐지 글자도 소곤소곤해지는 느낌
얇고 연한 샤프심이 좋겠지

교실 한가운데 말고 체육관 비품실이 어울리는 이야기
친구들이 그런 곳에 모이면
주로 무슨 이야기를 하더라?
쉿, 아무한테도 말하지 말라는 문장으로 끝나는 장르

사실 내가 쓰고 싶은 일기는
밤 열한 시까지 가장 친한 친구랑 놀았던 거

인형으로 슈퍼놀이를 하고 문방구에서 뽑기를 했는데
계속 꽝을 뽑아 바나나 빵을 다섯 개쯤 먹고
문방구에서 데려온 햄스터가 새끼를 낳은 이야기

다음날 일기장에
나를 좋아하는 남자애 이름
내가 좋아하는 남자애 이름
그들이 가진 장점과 단점을 썼다

그 애와 마주치면 어떤 기분인지
그 애를 생각하면 처음 떠오르는 장면 같은 거
일기장 한 페이지를 꽉 채우면
남자애들 생각만 하는 애처럼 보일까 봐
무심한 척 문장을 짧게 쓰고 줄을 계속 바꿨다

내 첫 시였다
시인 줄 몰랐는데
선생님이 답시를 쓰셨다길래
내가 쓴 게 시라는 걸 알았다

빨간 모나미 수성펜으로
일기장 한바닥을 채워주셨다
사랑이라는 단어가 다섯 번쯤 나왔다
사랑은 빨간색과 잘 어울리는구나

어찌나 많이 읽었던지
일기장 한 페이지가 도장처럼 찍혀
펼치지 않아도 머릿속으로 읽을 수 있었다

그때부터 참 좋았고 참 즐거운 하루는 없었다
좋은 날에도 싫은 기분을 찾아내고
즐거운 하루였는데 밤이면 울 것 같은 기분을 건져냈다

마음을 쓰기 시작하자 글자가 엉켰다
아직도 매듭짓지 못한 일기가 상자 안에 있다

숙제 내주는 사람도 없는데
몰래 일기장을 꺼내는 어른이 되어

오래 엉켜있던 마음을 빗는다

태어나서 처음 쓴 시가 사랑시라니
그날부터 내 운명은 빨간 모나미 수성펜이 조종 중
빨개지는 일을 막을 수 없고
번질 땐 붉은 마음을 들킨다

운명의 상대는 보이지 않는 빨간 실로
새끼손가락이 연결되어 있다는 이야기

나도 몇 가닥쯤 그어본 적 있다

덧니 한 번 보려고 봄까지 살았어

늦은 밤 눈이 감기려는데
핸드폰 플래시 하나 켜놓고
시와 마주 보며 고백을

그래 너한테 빠졌어 푹 잠기고 싶어
잠에 전염된 글씨가 푸드덕하고 날았다
읽어줬으면 하는 사람의 덧니를 떠올린다

마음이 깃털처럼 펄펄 날렸다
나누고 싶은 이야기를 입에서 굴린다
굴려도 굴려도 녹지 않아서
말할 틈이 없다
여린 알처럼 손에 쥐거나 가슴에 품는다

시는 하얀 뱁새가 되어 몸을 돌아다닌다
둥지는 늘어가고
새끼라도 품으면 어쩌나
좁은 품을 답답해하면 어쩌나

염려는 매일 아침 둥지로 가
밤 사이 쌓인 먼지를 털었다

사랑하느라 정신없는 오후
쓰고 나면 밤이었다

도서관에서 카페에서 공원에서 지하철에서 허공을 바라본다 시를 쓰지 않는 시간에도 시를 쓰고 있다

더 이상 미룰 수 없어
이렇게 살다가는 시가 일상을 잡아먹을 거야

봄이 왔고
덧니 같은 마음이 하얗게 날린다
서둘러 엮는다
도망치듯 당신의 손에 쥐여준다
바람이 차서 시집이 시릴까 걱정이다
누군가 데워주길 바라는
마음 들킬까

봄이 겨울 옷자락을

놔주지 않는

삼월에

당신이 보기엔 누가 미친 것 같아?

에세이를 두 권 냈다. 큰 사랑 받았다. 세 번째 에세이 낸다고 떠벌려 놓고 시에 빠졌다. 큰 사랑이 어이가 없어서 뒤통수 긁적이는 걸 모른 척했다.

"시에 대해 아무것도 모르면서 시집을 낸다니! 사랑 이 미친 것...." 매일 중얼거린다.

시가 미친 건지, 미치게 좋아서 시인지, 사랑이 미쳐서 시와 나를 맺어줬는지, 시가 미쳐서 날 사랑하게 된 건지... 답을 찾다가 여기까지 왔다.

당신의 답변을 기다린다.

다 미쳤다는 말 빼고
답은 모르겠는데 다 좋다는 말 빼먹지 말고.

제로 시집

세계 최초
제로 시 등장

설탕 없이 설탕 맛이 나는 음식들
편의점을 점령했다

바로 이거야
제로 시를 쓴다

달달한 문장 쪽 빼먹고
뱉거나 삼키면 그만
이해하려고 노력할 필요 없다

아무리 먹어도 살 안 쪄 혈당 안 올라

멋진 시인들 시집처럼
고밀도 영양가는 없을지 몰라도

해롭지 않아요

씹고 뜯고 맛보고 즐겨요

나도 몰라 메롱

나도 몰라 시가 뭔지 모른다고 어려운 시는 아직도 외계어 같아 가벼운 것만 좋아져서 큰일이다 싶었어 나이 들수록 좀 무거워져야 할 것 같잖아 가벼운 것 중에 시집이 제일 있어보였어 시인 주머니에 뭐가 있을지 궁금해졌지 투박한데 반짝이는, 모순 가득한 것들이 있을 것 같으니까

시집이 가벼우니까 여기저기 데리고 다녔지 그랬더니 웬걸 자꾸 시인처럼 일기를 쓰는 거야 흉내 내는 거지 좋아하면 닮아간다잖아

시인의 일기장을 훔쳐보고 싶었어 다듬지 않은 글자는 어떤 모양인지 궁금했어 흰 여백이 이렇게나 많이 남았는데 발자국 몇 줄만 남기고 휙 가버리잖아 그 맹랑함은 처음부터 갖춰진 건지 알고 싶었어 자꾸 궁금해하다 보니 시집까지 내게 된 거야

아무것도 모르면서 시집을 낸다니 이게 무슨 시냐고 욕먹을 수 있지 상관없다며 웃을 수 있지 않을까? 메롱 난 시인이 아니지롱 해버릴까? 이런 마음으로 언제까지 버틸 수

있을지는 모르겠어 문득 살기 싫어지면 메롱 난 사람이 아니지롱 해버릴지도

　시는 마음을 말끔하게 매듭짓지 않아도 괜찮더라고 운동화 끈이 풀린 채로 마라톤을 뛰어도 이상하지 않더라고 릴레이 경주를 하다 날씨가 너무 좋아서 공원으로 가버린다 해도, 아니 그럴 때 더 있어 보였어

　분명 누구나 갖지 못한 걸 시인이 가지고 있어 그래서 시집을 냈지 시를 잘 모르는 사람이 속을지도 모르잖아 시집을 팔면 시인이라 불릴 수 있잖아 그럼 주머니에 뭔가 생길지도 모르지

　그게 뭐든 돈보다는 멋질 거야

원한다면 영혼까지 줄게

"이거 나 줘."
시를 읽은 친구가 말했다.

그 친구는 내가 아는 사람 중 옷을 가장 멋지게 입는다. 그 친구는 한 번 입은 옷은 다시 입지 않는다. (그래서 옷을 사지 않고 빌려 입는다) 가방은 물론이고 필통이나 수면 안대까지. 힙하고 예쁜 물건만 취급하는 사람이다. 그런 친구가 내 시를 갖고 싶어 하다니!

심장이 뻐근하다. 기뻐서 얼굴에 열이 오른다. 시는 물건이 아닌데 어떻게 주지? 발을 동동거린다. 가진 걸 다 털어주고 싶다. 벤츠나 집문서가 있다면 줬을 텐데. 가진 게 글자 몇 개뿐이다. 시집도 완성되기 전이다.

시집이 완성되면 그 친구한테 가장 먼저 선물할 거다. 뭐든 예쁜 게 생기면 그 친구 먼저 생각난다. 그 친구 옆에서 살았던 모든 날이 예뻤다. 외롭고 아파서 사는 게 지긋지긋한 날에도, 불안에 시달리던 날에도 그 친구가 예쁘다는 생각은 변함없었다.

얼른 시집을 완성해서 안겨줘야지.

시집을 들고 있는 친구의 손등을 상상한다. 얼마나 예쁠까? 벌써 황홀하고 눈물이 난다. 서둘러 울어도 하나도 부끄럽지 않다.

내가 울면 그 친구도 이미 울고 있을 테니까. 우리는 서로를 거울 보듯 바라보았다. 한 치 앞도 모르는 여자애 둘이서 영원이라는 단어를 풀어헤쳤다. 서로의 머리와 함께 땋아주었다. 사랑도, 우정도, 그 모든 것을 품은 나의 시집도. 그 친구와 똑 닮은 모습으로 엮여 있다.

한 글자로 된 시집

봄
봄이
가진 거 다 내놔 해도
화가 안 나
치킨집 쿠폰까지 털어줄 수 있는

웃으며 산책하다
등에 촉촉이 봄비 흐르는 계절

볕
부지런히 마른
빨래 냄새 맡으며
평온을 맛보는
낮

잠
오후에 도착한다는
너
새벽부터 환해진

나

한 글자로 채운 시집 있을까?
팔리진 않겠지
그런 시집 열 권 주세요
하는 사람이 되네
넉넉한 봄밤이잖아

옆구리에 한 글자 끼고
어깨가 무너지도록 웃어

인생을 낭비하는 바보라고 불러줘

시간이랑 붙으면
맨날 졌는데
경기장을 이탈했으니
영원히 승패를 알 수 없고
관중들도 뛰던 시계도
황당한 얼굴을 하고

내 뒤통수를 보고 있겠지

개운하고 고소해
웃음을 참기 어려워
광대뼈 들키면 돌 맞을까

야유를 들으며 빠져나온
바깥은 한낮

목련이
다 녹은 생크림 케이크처럼
아침보다 더
하늘에게 마음을 열었다

펼쳐진 마음
누군가는 환영받는
봄 오후

생일 초를 불어야지

승리의 첫 생일

알뜰 마감 시

유기농 프리미엄 국내산 신선 과채 코너

나와 같은 나라에서 자랐지만
마신 물과 공기는 다르지

의기양양 파프리카 볼륨
추위 본 적 없는 열대 과일들
유리로 만든 공예품 같아

뚜벅뚜벅 사는 일과
마찰하는 추리닝
사람보다 추위하는 나의 겨울 니트
날 보며 어깨를 떠는 과일 바구니

보풀들은 눈을 깔고

저녁이 되면 팔리지 않는 채소는
뿌리를 콘센트에 꽂고 충전할지도

셀프 계산대는 서둘러 지나오기
목주름 손 주름 미간 주름 스치면
잔액이 부족합니다 가난합니다 월세삽니다 외칠지 몰라

마감 임박 알뜰 상품 과채 세일 코너
너그러워지는 마음
마트 구석에 숨은
상처를 들여다보는 시선

흙은 털면 그만이니
애교
이파리가 물러도 곰팡이 없으면
건강
생명력이 간당간당해도 저녁 시간까지 버티면
장수

가진 게 가벼워
훌훌 털고 달에 갈 수 있지만
지구에 남기로 한

너와 나의
손끝이 닿는 코너

이 시가 알뜰 코너에서 발견됐으면 좋겠어
빨간 마감 세일 스티커가 붙어있으면 좋겠어

망설임 없는 손끝
네잎클로버라도 찾은 듯 기뻐하고

저렴한 것만 사서 그런가
빈약한 봉투 소리가 유난히 크네

도망치듯 빠져나오는 도둑들
숨이 차게 뛰어
익숙한 골목이 보일 때까지

음식물 쓰레기를 주워 먹다
화들짝 놀라는 도시의 고양이
미안해 미안해 이제 천천히 걷자

집으로 가자
전리품으로 배를 채우고
삐걱거리는 매트리스에 누워
시를 들려줄게

포만감에 취해
잠 속을 들락날락 하는 너
좋은 꿈을 기도하듯
마지막 문장
읊조린다

그거 알아?

뿌리에 상처가 있어야
네잎클로버가 될 수 있어

대답 대신
색색

코 고는 소리

마지막까지 완벽한 시

부록

시 일기

1

 시를 잘 쓰고 싶다고 생각한 적은 없다. 내가 쓴 시가 좋았으면 좋겠다. 읽은 사람 기분이 좋아졌으면 좋겠다.

2

 첫 시를 쓸 때 기분은 절대 잊지 못할 거다. 앞으로 시를 천 개쯤 쓴다고 해도 말이야. 온몸과 마음이 노트에 쏟아지던 겨울 새벽. 발가락이 하얘질 만큼 추운 날이었는데 추위를 못 느꼈다. 마음이 울렁거렸다. 날아갈까 봐 조급해서 글씨도 갈겨썼다. 사랑에 빠질 때도 이렇진 않았다.

3

 밴드 공연을 보면서 머릿속으로 시를 썼다. 집중이 안 됐다. 왜 하필 지금 떠오르는 거야 짜증이 나려는데 아티스트가 이 노래를 쓰게 된 계기를 설명해 준다. 노래나 시나 탄생하는 순간은 비슷하네. 결국 한 인간의 마음에서 출발한다.

4

헬스장에서 하체 운동을 한다. 머릿속에 글자들이 난리를 쳐서 결국 멈췄다. 일기장 앱을 켜서 시를 쓴다. 운동하다가 핸드폰 만지는 거 진짜 싫다고! 왜 하필 지금이냐고! 운동하면 공부가 더 잘된다는 연구 결과가 있던데. 진짜네.

5

글자들이 와글거려서 모든 일정을 빨리 정리하고 집에 왔다. 노트북을 켜고 제대로 쓰려는데 당황스러울 만큼 아무 생각이 안 난다. 한 줄도 못 썼다. 진짜 기막혀.

6

걷다가 문장이 떠올랐다. 단숨에 시가 써졌다. 옮겨 적기만 하면 된다. 일단 노을이 너무 예뻐서 사진 몇 장 찍었다. 인스타그램 스토리에 바로 업로드한다. 그리곤 메모장을 켰는데 뭘 쓰려 했는지 기억이 안 난다. 이젠 놀랍지도 않아. 욕도 안 나와. 다시 생각날 때까지 왔던 길을 다시 걸을까? 하다가 그냥 가던 길을 간다. 내게서 나온 생각이니 필요할 때 또 와주겠지. 참새처럼 포로록 짧게 뛰어 횡단보

도를 건넌다.

7

시집을 들고 산책을 나선다. 벤치에 앉아 시집을 처음부터 끝까지 읽는다. 그렇게 며칠 내내 읽기만 했다. 한 글자도 고치거나 새로 쓰지 못했다. 반려 시집이라 여기며 매일 데리고 다닐 뿐이다. 그 다음 날에도, 다음 주말에도 매일 데리고 나갔다. 서로를 산책시켰다.

8

애들한테 시를 쓴다고 말했다. "오~ 시인~" 놀리듯 부른다. 성을 붙여서 놀리기도 하는데, 그러면 "오~~ 임시인~~"이 된다. 고정은 아니고 게스트마냥, 잠시 시인의 삶을 빌려 온 것 같다. 나는 앞으로 얼마나 더 임시인으로 살게 될까? 오래 머물러주면 좋겠다. 간절하게 바라진 않는다. 간절해서 이루어진 거 별로 없어서 말이지.

9

유난히 애틋한 시를 가장 사랑하는 친구에게 보여주었

다. 무슨 말인지 모르겠단다. 나를 아예 모르는 사람한테도 보여주었다. 너무 좋단다. 머릿속에 장면이 다 그려진단다. 시란 대체 뭘까?

10

 아껴 읽는 시집이 있다. 진짜 아껴 읽었는데 점점 끝이 보인다. 이런 시집을 또 만나려면 앞으로 시집 256권 정도는 더 사서 읽어야겠지. 왜 아직 식사 대용 캡슐이 개발되지 않은 걸까? 한 알만 먹어도 모든 영양소가 충족되는 캡슐 말이야. 식욕도 안 돌고 밥 차려 먹을 필요도 없어지는 거지. 나 말고도 원하는 사람 많잖아. 설거지할 필요도 없고 장도 안 보고 먹는 시간도 아끼고 먹방도 안 보고 돈도 최소한으로만 벌고 시만 읽을 수 있잖아.

11

 시집을 내고 북토크 하는 상상을 한다. "시란 뭘까요? 어쩌다 시를 쓰게 되셨나요? 시는 어떻게 읽는 건가요? 이 시를 이렇게 해석했는데 맞나요? 시가 어렵게 느껴지면 어떻게 해야 하나요?" 등의 질문들. 내가 장담하는데 이 질문하는 독자님보다 내가 시를 더 모를 거다. 하나도 시원하게 대답할 수 있는 게 없네. 어쩌지? 시집 아니라고 해버릴까?

12

 시 속에서 끝난 사랑을 다시 사랑하고, 그리워하는 사람을 불러오고, 사랑을 문 앞에 세워두고, 휙 떠나기도 하고, 우렁을 친구로 삼고, 어린 시절로 돌아가 늦은 고백과 위로도 하고, 꽃으로 태어났다가 도둑으로 자라고, 돌멩이도 잡아먹는다. 이렇게 재밌는 걸 나 빼고 다들 즐기고 있었단 말이지? 흥.

13

 출판사 대표님 만나기로 한 날. 일부러 일찍 카페에 와서 할 말을 정리한다. 두 페이지를 꽉 채웠다. 왜 이렇게 긴장되는 거지? 이런 기분 처음인데. 새벽 내내 마음에 걸리는 게 있었다. 그게 뭔지 생각했고 풀어내는 중이다. 내게 아주 중요한 부분을 꼭 떨지 않고 설명해야 했다. 대표님 얘기 먼저 듣고 시작하려고 먼저 얘기하시라 했다. 대표님은 귀퉁이가 잔뜩 접힌, 내가 직접 만들었던 가제본 시집을 꺼내셨다. 날 서 있던 걱정과 불안이 순식간에 가라앉는다. 걱정할 필요가 없는 사람인데, 그래도, 그래도 싶었다. 아닌 척했지만 사실 이 시가 내 삶보다 더 중요하다. 살면서 가져본 것 중에 가장 귀하다. 그래서 떨었다. 정도 차이가 있겠지만, 같은 마음이길 바랐다. 작가의 삶을 들여다보는 사람이 다시 내 방문을 두드려 주어서 기뻤다. 사실 조금 눈물이 날 것 같아서 참느라 말을 좀 웅얼거렸다. 같이 시를 좋아할 수 있어서 행복하다고, 그 한마디면 되는 거였는데.

14

대표님이 한동안 아무것도 생각하지 말고 시만 생각해달라고 하셨다. "시인이 됐으니 시인의 마음으로 살아요. 어깨에 힘 좀 주고요. 시인이 됐으니 시인으로 사세요." 이 말에 저주가 풀린 동화 속 주인공이 됐다. 봉인 해제된 기분을 느꼈다. 밤 아홉 시가 안 되어 헤어졌는데 그날 새벽 네 시 넘어서 잠들었다. 실실거리며 시만 생각하고 시를 좋아했다. 정말 아무것도 안 하고 시를 좋아하느라 밤을 다 썼다. 그것도 모자라서 새벽까지 낭비했다.

15

 시를 쓰기 전보다 시를 쓰기 시작한 날부터 시집을 더 많이 산다. 다른 시인들도 그럴까? 시집은 옛날이나 지금이나 가장 팔기 어려운 장르라던데. 그럼 시인들은 서로를 먹여 살리는 걸까? 커피 한 잔 값이라도 보태기 위해 또 시집을 산다.

16

 시집을 낸다고 말했을 때 주변 반응이 재밌다. 에세이를 내기로 했어, 북토크 하기로 했어, 그림을 전시하려고, 글쓰기 프로그램을 진행해, 독립출판 강연을 맡았어, 하면 우와 멋지다 재밌겠다 꼭 읽어볼게 나도 참여해도 돼? 등등 웃음과 응원과 격려가 정적 없이 바로 나온다. 그랬던 그들이 신간은 어떤 내용이냐고 묻길래 시집이라고 했더니, 얼굴이 미묘하게 굳어진다. 오오... 오... 하며 시는 잘 모르는데 그래도 읽어보겠다고 쥐어짜듯 말한다. 어려운 과제 주제를 읽은 학생 표정을 한다. 주변 공기도 무거워진다. 어딜 가나 비슷한 분위기를 느낀다. 이제 시집이라고 대답하기도 전에 웃음부터 난다. 물론 나만 웃는다.

17

어떤 시는 제목부터 황홀하다. 마지막 행까지 뼈가 흐물흐물해지는 느낌이 든다. 약간 신음도 나온다. 책 먹는 여우의 마음을 알 것 같기도 하다. 이 페이지를 찢어서 삼키면 어떻게 될까? 그렇게라도 이 시가 가진 세포를 몇 글자라도 섭취할 수 있다면... 시도하겠어. 내 삶에 스며들게 할 수 있다면 설사 정도야, 뭐 괜찮지. (안 삼켰다)

18

가제본으로 혼자 만들었던 시집을 친구에게 선물했다. 그 친구는 지하철을 탈 때 꼭 내 시집을 읽는단다. 그러면 사람들이 힐끗힐끗 쳐다본단다. 홍보 효과가 있는 것 같아서 표지가 잘 보이는 각도로 읽는단다. 인세를 받으면 어느 정도 떼 줘야 하나 생각 중이다.

19

시 쓰는 거 재밌다. 진짜 너무 정말 너무 재밌다. 어떻게 재밌는지 찰떡같은 비유를 써서 설명하고 싶은데 진짜 너무 좋다는 말 밖에는 안 나온다. 왜 좋은지도 잘 모르겠다.

이유도 모르고 무언가를 좋아하는 일이 내게 남아있다니! 그 점이 제일 좋다. 모든 작업은 고통을 반드시 겪어야 한다고 생각했다. 그래서 예술가로 살기 싫었다. 고통을 감수해도 배가 고프니까. 전업 작가도, 예술인도 되기 싫었는데. 이렇게 즐거운 마음으로 해도 되는 거라면….

20

 찾았다 내 사랑 내가 찾던 사랑… 내 평생 닉네임, 내 평생 BGM, 내 평생 직업. 시.

추천의 말

시는 모르겠고 너는 사랑하니까

  야 잠깐만! 이 시를 다 한 권에 담는다고? 좀 아껴둬! 아니면 반으로 나누자. 두 번째 시집 나올 때까지 너무 오래 걸리면 어떡해? 기다리는 거 힘들어서 그래.

  — 간택당한 내향인 친구

  뭔 말인지 모르겠어. 내용도 이해 안 돼. 근데 글이 이쁘긴 하다. 그냥 이뻐. 뭐지?

  — 친구의 10년 차 애인

  시는 말도 안 되는 이야기 많이 쓰잖아. 이해가 안 가서 심드렁하게 읽다가, 마음이 쿵 하고 떨어지는 기분 알지? 이 시집에 그런 순간이 많았어.

  — 연정의 글을 가장 많이 읽은 사람

진짜 재밌게 읽었어. 아 진짜야. 빈말 아니고 진짜!

  — 알고 지낸 6년 동안 빈말 한번도 안 한 사람

시가 꼭 그림 같아! 장면이 눈에 보이는 느낌이야. 전시회 다녀온 기분이랄까? 뭐 먹고 살면 이런 표현을 쓸 수 있는 거야?

- 지인 중에 가장 잘 먹는 사람

되게 젊은 느낌의 시집이다! 젊은 기운이 느껴져. 근데... 요즘 젊은이들은 젊다는 표현 안 쓰지?

- 출산한 지 두 달 된 친한 언니

시 해석을 좀 해봤어. 내 해석이 맞는지 점수로 매겨줘. 40점? 아 솔직히 점수가 너무 짜다. 다시 해볼게. 60점? 좀 후하게 준 거지? 55점! 그 정도가 적당하네. 이건 인정.

- 모든 책을 가장 먼저 읽은 사랑하는 친구

애인한테 보여줘도 돼? 애인 해석 읽어줄게.

...

몇 점이야?

푸하하 빵점 이래 푸하하하

역시 내가 낫다! 하나도 이해 못 해놓고 시가 좋대. 귀엽고 발랄한 느낌이래. 이 정도면 성공한 거 아니야?

- 앞에 나온 사람이랑 10년 사귄 내 친구

일단 걱정을 좀 덜어내. 무조건 한 명은 이 책을 사랑할 거야. 내가 너를 아주 많이 좋아하니까. 네가 쓴 글은 무조건 좋아할 수 밖에 없거든.

- 작가와 독자 사이였다가 같이 술도 마시는 사이

나의 모든 것이 되어준

은이와 그녀들에게

보조개 살인사건

ⓒ 2025. 연정 all rights reserved.

초판 1쇄 인쇄	2025년 9월 5일
초판 1쇄 발행	2025년 9월 20일
지은이	연정
편집·디자인	희석
표지 사진	연정
펴낸곳	발코니
전자우편	heehee@balconybook.com
홈페이지	balconybook.com
인스타그램	@balcony_book
제작처	DSP(www.dsphome.com)
ISBN	979-11-92159-21-8

- 독자님의 개인 리뷰 목적을 제외한, 도서 내용의 재사용 (인용, 발췌, 복제 등)을 희망하실 경우 반드시 출판사 발코니와 저자의 서면 동의를 받아야 합니다.

- 도서 정가는 책 뒷면에 표기되어 있습니다.